100 aforismos sobre o amor e a morte

FRIEDRICH WILHELM NIETZSCHE nasceu na pequena cidade de Roecken, perto de Leipzig, na Alemanha, em 15 de outubro de 1844. Aos cinco anos, perdeu o pai, que era pastor luterano. Estudou letras clássicas na célebre Escola de Pforta e na Universidade de Leipzig. Com 24 anos foi convidado a lecionar filologia clássica na Universidade da Basileia (Suíça). Em 1870 participou da Guerra Franco-Prussiana como enfermeiro. No período em que viveu na Basileia foi amigo de Richard Wagner e escreveu *O nascimento da tragédia* (1872), *Considerações extemporâneas* (1873-6) e parte de *Humano, demasiado humano*. Com a saúde frágil, em 1879 aposentou-se da universidade. A partir de então, levou uma vida errante, em pequenas localidades da Suíça, Itália e França. Dessa época são *Aurora, A gaia ciência, Assim falou Zaratustra, Além do bem e do mal, Genealogia da moral, O caso Wagner, Crepúsculo dos ídolos, O Anticristo* e *Ecce homo*, sua autobiografia. Nietzsche perdeu a razão no início de 1889 e viveu em estado de demência por mais de onze anos, sob os cuidados da mãe e da irmã. Nessa última década suas obras começaram a ser lidas e ele se tornou famoso. Morreu em Weimar, em 25 de agosto de 1900, em decorrência de uma infecção pulmonar. Além das obras que publicou, deixou milhares de páginas de esboços e anotações, conhecidos como "fragmentos póstumos".

PAULO CÉSAR DE SOUZA fez licenciatura e mestrado em história na Universidade Federal da Bahia e doutorado em literatura alemã na Universidade de São Paulo. Além de muitas obras de Nietzsche e Freud, traduziu *O diabo no corpo*, de R. Radiguet, *Poemas: 1913-1956* e *Histórias do sr. Keuner*, de B. Brecht. É autor de *A Sabinada: A revolta separatista da Bahia* e *As palavras de Freud: O vocabulário freudiano e suas versões*. Coordena as coleções de Nietzsche e Freud publicadas pela Companhia das Letras.

Friedrich Nietzsche

100 aforismos sobre o amor e a morte

Seleção e tradução de
PAULO CÉSAR DE SOUZA

1ª reimpressão

PENGUIN
COMPANHIA DAS LETRAS

Copyright da organização © 2012 by Paulo César Lima de Souza

Grafia atualizada segundo o Acordo Ortográfico da Língua
Portuguesa de 1990, que entrou em vigor no Brasil em 2009.

Penguin and the associated logo and trade dress are registered
and/or unregistered trademarks of Penguin Books Limited and/or
Penguin Group (USA) Inc. Used with permission.

Published by Companhia das Letras in association with
Penguin Group (USA) Inc.

PROJETO GRÁFICO PENGUIN-COMPANHIA
Raul Loureiro, Claudia Warrak

PREPARAÇÃO
Suzana Servente Deorsola

REVISÃO
Isabel Jorge Cury
Huendel Viana

Dados Internacionais de Catalogação na Publicação (CIP)
(Câmara Brasileira do Livro, SP, Brasil)

Nietzsche, Friedrich Wilhelm, 1844-1900.
    100 aforismos sobre o amor e a morte / Friedrich Wilhelm
Nietzsche ; seleção e tradução Paulo César de Souza— 1ª ed.
— São Paulo: Penguin Classics Companhia das Letras, 2012.

ISBN 978-85-63560-53-7

    1. Aforismos e apotegmas 2. Amor 3. Filosofia alemã 4.
Morte 5. Nietzsche, Friedrich Wilhelm, 1844-1900 I. Título.

12-10341   CDD-193

Índice para catálogo sistemático:
    1. Nietzsche : Filosofia alemã 193

[2015]
Todos os direitos desta edição reservados à
EDITORA SCHWARCZ S.A.
Rua Bandeira Paulista, 702, cj. 32
04532-002 — São Paulo — SP
Telefone: (11) 3707-3500 Fax: (11) 3707-3501
www.penguincompanhia.com.br
www.blogdacompanhia.com.br

Sumário

1. As coisas que chamamos de amor   9
2. O que se pode prometer   11
3. Amor e justiça   12
4. Liberalidade proibida   12
5. Uma doença masculina   12
6. Uma espécie de ciúme   13
7. Suspiros diversos   13
8. Um elemento do amor   13
9. A unidade de lugar e o drama   13
10. Não há repouso no amor   13
11. Casamento estável   14
12. Natureza de Proteu   14
13. Amar e ter   14
14. Máscaras   15
15. O casamento como uma longa conversa   15
16. Sonhos de garotas   15
17. Sem rivais   16
18. O intelecto feminino   16
19. Os míopes se apaixonam   17
20. Mulheres com ódio   17
21. Amor   18
22. Quem sofre mais?   18
23. Do futuro do casamento   18
24. Próximo demais   20
25. Sacrifício voluntário   20

26. Amor e ódio   21
27. Amor e reverência   21
28. O amor como artifício   21
29. O engano no amor   22
30. Amor e dualidade   22
31. "Amor"   23
32. O cristianismo realizado   23
33. O que liga e o que separa   24
34. Duas fontes de bondade   25
35. O espírito das mulheres   25
36. Cruel pensamento do amor   25
37. A fonte do grande amor   25
38. Vantagem da privação   26
39. Um atestado de amor   26
40. O valor da crença em paixões
sobre-humanas   26
41. Pensar mal é tornar mau   27
42. Uma sugestão   29
43. "Não egoísta!"   29
44. Aqui há novos ideais a inventar   29
45. Em que nos tornamos artistas   30
46. Temor e amor   30
47. Amostra de reflexão antes do casamento   31
48. A mais perigosa desaprendizagem   31
49. Amor e veracidade   31
50. Contra o esbanjamento do amor   32
51. Seduzir para o amor   32
52. "O amor torna igual"   33
53. Amor   33
54. As mães   33
55. A cor das paixões   34
56. Sem vaidade   35
57. É preciso aprender a amar   35
58. Como cada sexo tem seu preconceito
em relação ao amor   36
59. [O amor a um único ser]   38
60. [Até onde vai a sexualidade]   38

61. [O que está no fundo vem à tona] 38
62. [Diferente ritmo dos afetos] 38
63. [Jogadora medíocre] 38
64. [A vontade de superar um afeto] 39
65. [Quando a sensualidade
precipita o amor] 39
66. [Na vingança e no amor] 39
67. [A frase mais pudica que jamais ouvi] 39
68. [Quando uma mulher tem
inclinações eruditas] 40
69. [Comparando o homem e a mulher] 40
70. De antigas novelas florentinas 40
71. [O que se faz por amor] 40
72. [O que o amor evidencia] 41
73. [Eros envenenado] 41
74. [Amor ao desejo] 41
75. [O conhecimento do amor] 41
76. [Uma concepção filosófica do amor] 43
77. [Budismo, cristianismo e amor] 45
78. [Pureza ou impureza do corpo] 47
79. [O amor ao próximo e o cultivo de si] 49
80. [A guerra dos sexos] 49
81. O ancião e a morte 52
82. Impedimento do suicídio 53
83. A família do suicida 53
84. Não importa como se morre 53
85. Depois da morte 54
86. Na noite 54
87. Novos atores 55
88. A morte racional 56
89. Morte 57
90. O duelo 57
91. Nem tão importante assim 58
92. Santa crueldade 58
93. *Sub specie aeterni* 58
94. O pensamento da morte 59
95. [Como se despedir da vida] 60

96.	[O pensamento do suicídio]	60
97.	Moral para médicos	60
98.	O homem louco	61
99.	O sentido de nossa jovialidade	63
100.	Descida ao Hades	65

Procedência dos textos 67

1. As coisas que chamamos de amor

Cobiça e amor: que sentimentos diversos evocam essas duas palavras em nós! — e poderia, no entanto, ser o mesmo impulso que recebe dois nomes; uma vez difamado do ponto de vista dos que já possuem, nos quais ele alcançou alguma calma e que temem por sua "posse"; e outra vez do ponto de vista dos insatisfeitos, sedentos, e por isso glorificado como "bom". Nosso amor ao próximo — não é ele uma ânsia por nova *propriedade*? E igualmente o nosso amor ao saber, à verdade, e toda ânsia por novidades? Pouco a pouco nos enfadamos do que é velho, do que possuímos seguramente, e voltamos a estender os braços; nem a mais bela paisagem estará segura de nosso amor, após passarmos três meses nela, e algum litoral longínquo despertará nossa cobiça: em geral, as posses são diminuídas pela posse. Nosso prazer conosco procura se manter transformando algo novo *em nós mesmos* — precisamente a isto chamamos possuir. Enfadar-se de uma posse é enfadar-se de si mesmo. (Pode-se também sofrer da demasia — também o desejo de jogar fora, de distribuir, pode ter o honrado nome de "amor".) Quando vemos alguém sofrer, aproveitamos com gosto a oportunidade que nos é oferecida para tomar posse desse alguém; é o que faz o homem benfazejo e compassivo, que também chama de "amor" ao desejo de uma nova posse que nele é avivado, e que nela tem prazer semelhante ao de uma nova conquista iminente. Mas é o amor sexual que se revela mais claramente como ânsia de propriedade: o amante quer a posse incondicional e única da pessoa desejada, quer poder incondicional tanto sobre sua alma como sobre seu corpo, quer ser amado unicamente, habitando e dominando a outra alma como algo supremo e absolutamente desejável. Se considerarmos que isso não é outra coisa senão *excluir* todo o mundo de um precioso bem, de uma felicidade e fruição; se considerarmos que o amante visa o empobrecimento e privação de todos os demais competidores e quer tornar-se o dragão de seu tesouro, sendo o mais implacável e egoísta dos "conquistadores" e exploradores; se considerarmos, por fim, que para o amante todo o resto do mundo parece indiferente, pálido, sem valor, e que ele se acha disposto a fazer qualquer sacrifício, a transtornar qualquer ordem, a relegar qualquer interesse: então nos admiraremos de que esta selvagem cobiça e injustiça do amor sexual tenha sido glorificada e divinizada a tal ponto, em todas as épocas, que desse amor foi extraída a noção de amor como o oposto do egoísmo, quando é talvez a mais direta expressão do egoísmo. Nisso, evidentemente, o uso linguístico foi determinado pelos que não possuíam e desejavam — os quais sempre foram em maior número, provavelmente. Aqueles que nesse campo tiveram posses e satisfação suficientes deixaram escapar, aqui e ali, uma palavra sobre o "demônio furioso", como fez o mais adorável e benquisto dos atenienses, Sófocles: mas Eros sempre riu desses blasfemos — eram, invariavelmente, os seus grandes favoritos. — Bem que existe no mundo, aqui e ali, uma espécie de continuação do amor, na qual a cobiçosa ânsia que duas pessoas têm uma pela outra deu lugar a um novo desejo e cobiça, a uma elevada sede *conjunta* de um ideal acima delas: mas quem conhece tal amor? Quem o experimentou? Seu verdadeiro nome é *amizade*.

2. O que se pode prometer

Pode-se prometer atos, mas não sentimentos; pois estes são involuntários. Quem promete a alguém amá-lo sempre, ou sempre odiá-lo ou ser-lhe sempre fiel, promete algo que não está em seu poder; no entanto, pode prometer aqueles atos que normalmente são consequência do amor, do ódio, da fidelidade, mas também podem nascer de outros motivos: pois caminhos e motivos diversos conduzem a um ato. A promessa de sempre amar alguém significa, portanto: enquanto eu te amar, demonstrarei com atos o meu amor; se eu não mais te amar, continuarei praticando esses mesmos atos, ainda que por outros motivos: de modo que na cabeça de nossos semelhantes permanece a ilusão de que o amor é imutável e sempre o mesmo. — Portanto, prometemos a continuidade da aparência do amor quando, sem cegar a nós mesmos, juramos a alguém amor eterno.

3. Amor e justiça

Por que superestimamos o amor em detrimento da justiça e dizemos dele as coisas mais belas, como se fosse algo muito superior a ela? Não será ele visivelmente mais estúpido? — Sem dúvida, mas justamente por isso mais agradável para todos. O amor é estúpido e possui uma abundante cornucópia; dela retira e distribui seus dons a cada pessoa, ainda que ela não os mereça, nem sequer os agradeça. Ele é imparcial como a chuva, que, segundo a Bíblia e a experiência, molha até os ossos não apenas o injusto, mas ocasionalmente também o justo.

4. Liberalidade proibida

Não há no mundo amor e bondade bastantes para que ainda possamos dá-los a seres imaginários.

5. Uma doença masculina

Para a doença masculina do autodesprezo o remédio mais seguro é ser amado por uma mulher inteligente.

6. Uma espécie de ciúme

É fácil as mães sentirem ciúme dos amigos de seus filhos, quando eles têm sucesso extraordinário. Habitualmente a mãe ama, em seu filho, mais *a si mesma* do que ao próprio filho.

7. Suspiros diversos

Alguns homens suspiraram pelo rapto de suas mulheres; a maioria, porque ninguém as quis raptar.

8. Um elemento do amor

Em toda espécie de amor feminino também aparece algo do amor materno.

9. A unidade de lugar e o drama

Se os cônjuges não morassem juntos, os bons casamentos seriam mais comuns.

10. Não há repouso no amor

Um músico que *ama* o tempo lento tocará as mesmas

peças cada vez mais lentamente. Em nenhum amor existe repouso.

11. Casamento estável

Um casamento no qual cada um quer alcançar um objetivo individual através do outro se conserva bem; por exemplo, quando a mulher quer se tornar famosa através do homem, e o homem quer se tornar amado através da mulher.

12. Natureza de Proteu[1]

Por amor, as mulheres se transformam naquilo que são na mente dos homens por quem são amadas.

13. Amar e ter

Em geral as mulheres amam um homem de valor como se o quisessem ter apenas para si. Bem gostariam de trancá-lo a sete chaves, se isto não contrariasse a sua vaidade: pois esta requer que a importância dele seja evidente também para os outros.

1 Em Homero (*Odisseia*, IV, 365ss), Proteu é uma divindade marinha que tem o dom da metamorfose. (Todas as notas são do tradutor.)

14. Máscaras

Há mulheres que, por mais que as pesquisemos, não têm interior, são puras máscaras. É digno de pena o homem que se envolve com estes seres quase espectrais, inevitavelmente insatisfatórios, mas precisamente elas são capazes de despertar da maneira mais intensa o desejo do homem: ele procura a sua alma — e continua procurando para sempre.

15. O casamento como uma longa conversa

Ao iniciar um casamento, o homem deve se colocar a seguinte pergunta: você acredita que gostará de conversar com esta mulher até na velhice? Tudo o mais no casamento é transitório, mas a maior parte do tempo é dedicada à conversa.

16. Sonhos de garotas

Garotas inexperientes se lisonjeiam com a ideia de que está em seu poder tornar um homem feliz; mais tarde elas aprendem que significa menosprezar um homem supor que basta uma garota para fazê-lo feliz. — A vaidade da mulher exige que um homem seja mais que um marido feliz.

17. Sem rivais

As mulheres percebem facilmente quando a alma de um homem já foi tomada; elas desejam ser amadas sem rivais, e censuram nele os objetos de sua ambição, suas atividades políticas, suas ciências e artes, se ele tiver paixão por tais coisas. A menos que ele brilhe por essas coisas — então elas esperam que uma união amorosa com ele realce também *seu próprio* brilho; neste caso elas incentivam aquele que amam.

18. O intelecto feminino

O intelecto das mulheres se manifesta como perfeito domínio, presença de espírito, aproveitamento de toda vantagem. Elas o transmitem aos filhos, como sua característica fundamental, e a isso o pai acrescenta o fundo mais obscuro da vontade. A influência dele determina, por assim dizer, o ritmo e a harmonia com que a nova vida deve ser tocada; mas a melodia vem da mulher. — Ou, para aqueles que sabem cogitar essas coisas: as mulheres têm a inteligência; os homens, o sentimento e a paixão. Isso não está em contradição com o fato de os homens realizarem muito mais coisas com a sua inteligência: eles têm impulsos mais profundos, mais poderosos; são estes que levam tão longe a sua inteligência, que em si é algo passivo. Não é raro as mulheres secretamente se admirarem da veneração que os homens tributam ao seu sentimento. Se os homens, na escolha do cônjuge, buscam antes de tudo um ser profundo e sensível, enquanto as mulheres buscam alguém sagaz, brilhante e com presença de espírito, vê-se claramente que no fundo o homem busca um homem idealizado, e a mulher, uma mulher idealizada, ou seja, não um complemento, mas sim um aperfeiçoamento das próprias qualidades.

19. Os míopes se apaixonam

Às vezes bastam óculos mais fortes para curar um apaixonado; e quem tivesse força de imaginação para conceber um rosto, uma silhueta vinte anos mais velha, talvez passasse pela vida imperturbado.

20. Mulheres com ódio

Tomadas pelo ódio, as mulheres são mais perigosas que os homens; antes de mais nada porque, uma vez despertado o seu sentimento hostil, não são freadas por nenhuma consideração de justiça, deixando o seu ódio crescer até as últimas consequências; depois, porque são exercitadas em descobrir feridas (que todo homem, todo partido tem) e espicaçá-las: no que sua inteligência, aguda como um punhal, presta-lhes um ótimo serviço (ao passo que os homens, vendo feridas, tornam-se contidos, são com frequência generosos e conciliadores).

21. Amor

A idolatria que as mulheres têm pelo amor é, no fundo e originalmente, uma invenção da inteligência, na medida em que, através das idealizações do amor, elas aumentam seu poder e se apresentam mais desejáveis aos olhos dos homens. Mas, tendo-se habituado a essa superestimação do amor durante séculos, aconteceu que elas caíram na própria rede e esqueceram tal origem. Hoje elas são mais iludidas que os homens, e por isso sofrem mais com a desilusão que quase inevitavelmente ocorre na vida de toda mulher — desde que ela tenha imaginação e intelecto bastantes para ser iludida e desiludida.

22. Quem sofre mais?

Após uma desavença e disputa pessoal entre uma mulher e um homem, uma parte sofre mais com a ideia de ter magoado a outra; enquanto esta sofre mais com a ideia de não ter magoado o outro o bastante, e por isso se empenha depois, com lágrimas, soluços e caras feias, em lhe amargurar o coração.

23. Do futuro do casamento

Essas mulheres nobres e livres, que assumem como tarefa a educação e elevação do sexo feminino, não devem ignorar uma consideração: o casamento concebido em sua mais alta forma, enquanto amizade espiritual entre duas pessoas de sexo diferente, isto é, realizado como o futuro espera que seja, com o fim de gerar e educar uma nova geração — um tal casamento, que usa o elemento sensual apenas, digamos, como um meio raro e ocasional para um fim maior, provavelmente requer, devemos desconfiar, um auxílio natural, o do *concubinato*. Pois, se por razões de saúde do homem a esposa deverá também se prestar sozinha à satisfação da necessidade sexual, então na escolha de uma esposa será determinante uma consideração errada, oposta aos fins indicados: a obtenção da prole será casual, e a educação bem-sucedida, bastante improvável. Uma boa esposa, que deve ser amiga, ajudante, genitora, mãe, cabeça de família, administradora, e talvez tenha de, separadamente do marido, cuidar até do seu próprio negócio ou ofício, não pode ser ao mesmo tempo concubina: em geral, significaria exigir demais dela. Assim poderia ocorrer, no futuro, o oposto do que se deu em Atenas na época de Péricles: os homens, que em suas esposas tinham pouco mais que concubinas, recorriam também às Aspásias,[2] porque ansiavam pelos encantos de uma convivência liberadora da mente e do coração, que somente a graça e a docilidade espiritual das mulheres podem criar. Todas as instituições humanas, como o casamento, permitem apenas um grau moderado de idealização prática, de outro modo remédios grosseiros se fazem necessários.

2 Aspásia foi a célebre amante de Péricles, no século V a.C.

24. Próximo demais

Se vivemos próximos demais a uma pessoa, é como se repetidamente tocássemos uma boa gravura com os dedos nus: um dia teremos nas mãos um sujo pedaço de papel, e nada além disso. Também a alma de uma pessoa, ao ser continuamente tocada, acaba se desgastando; ao menos assim ela nos *parece* afinal — nós nunca mais vemos seu desenho e sua beleza originais. — Sempre se perde no relacionamento íntimo demais com mulheres e amigos; às vezes se perde a pérola de sua própria vida.

25. Sacrifício voluntário

Mulheres notáveis aliviam a vida de seus maridos, no caso de eles serem grandes e famosos, ao se tornarem como que o recipiente do desfavor geral e do ocasional mau humor das demais pessoas. Os contemporâneos costumam relevar muitos erros, tolices e mesmo atos de grossa injustiça dos seus grandes homens, se encontram alguém que, como verdadeiro animal de sacrifício, possam maltratar e abater para aliviar seus sentimentos. Não é raro que uma mulher tenha a ambição de se oferecer para tal sacrifício, e então o homem ficará satisfeito — caso seja egoísta o bastante para tolerar em seu convívio esse voluntário para-raios, guarda-chuva e abrigo contra tempestades.

26. Amor e ódio

O amor e o ódio não são cegos, mas ofuscados pelo fogo que trazem consigo.

27. Amor e reverência

O amor deseja, o medo evita. Por causa disso não podemos ser amados e reverenciados pela mesma pessoa, não no mesmo período de tempo, pelo menos. Pois quem reverencia reconhece o poder, isto é, o teme: seu estado é de medo-respeito. Mas o amor não reconhece nenhum poder, nada que separe, distinga, sobreponha ou submeta. E, como ele não reverencia, pessoas ávidas de reverência resistem aberta ou secretamente a serem amadas.

28. O amor como artifício

Quem realmente quiser *conhecer* algo novo (seja uma pessoa, um evento ou um livro), fará bem em receber essa novidade com todo o amor possível, e rapidamente desviar os olhos e mesmo esquecer tudo o que nela pareça hostil, desagradável, falso: de modo a dar ao autor de um livro, por exemplo, uma boa vantagem inicial, e, como se estivesse numa corrida, desejar ardentemente que ele atinja sua meta. Pois assim penetramos até o coração, até o centro motor da coisa nova: o que significa justamente conhecê-la.

Se alcançamos este ponto, a razão pode fazer suas restrições; a superestimação, a desativação temporária do pêndulo crítico, foi somente um artifício para fazer aparecer a alma de uma coisa.

29. O engano no amor

Esquecemos muitas coisas de nosso passado e as tiramos intencionalmente da cabeça: isto é, queremos que nossa imagem, que desde o passado nos clareia, nos engane, lisonjeie nossa presunção — nós trabalhamos continuamente nesse autoengano. — E agora vocês, que tanto falam e louvam o "esquecer-se de si mesmo no amor", a "dissolução do Eu no outro", acham que isso é algo essencialmente distinto? Ou seja, quebramos o espelho, transpomo-nos para uma pessoa que admiramos e fruímos a nova imagem de nosso Eu, embora já o chamemos pelo nome da outra pessoa — e todo esse processo *não* seria autoengano, egoísmo, gente extravagante! — Penso que aqueles que escondem *de si* algo de si e aqueles que se escondem de si inteiramente são iguais no fato de cometer um *roubo* na câmara de tesouro do conhecimento: de onde se vê contra qual delito nos adverte a frase "conhece-te a ti mesmo".

30. Amor e dualidade

O que é o amor, senão compreender que um outro

viva, aja e sinta de maneira diversa e oposta da nossa, e alegrar-se com isso? Para superar os contrastes mediante a alegria, o amor não pode suprimi-los ou negá-los. — Até o amor a si mesmo tem por pressuposto a irredutível dualidade (ou pluralidade) numa única pessoa.

31. "Amor"

O mais refinado artifício que o cristianismo tem de vantagem sobre as demais religiões está numa palavra: ele fala de amor. Dessa maneira ele se tornou a religião *lírica* (enquanto, em suas duas outras criações, os semitas deram ao mundo religiões épico-heroicas). Na palavra "amor" há algo tão ambíguo, tão sugestivo, que tanto fala à recordação e à esperança, que mesmo a mais fraca inteligência e o mais frio coração percebem algo do cintilar desse termo. A mulher mais sagaz e o homem mais vulgar pensam, ao ouvi-lo, nos instantes relativamente mais desinteressados de toda a sua vida, mesmo que Eros não tenha voado a grande altura no seu caso; e as inumeráveis pessoas que sentem falta de amor, por parte de pais, filhos ou amados, mas sobretudo aquelas da sexualidade sublimada, fizeram no cristianismo seu achado.

32. O cristianismo realizado

Também no interior do cristianismo há uma disposição epicuriana, vinda do pensamento de que Deus pode exigir do homem, criatura que fez à sua própria imagem, apenas o que para este é *possível* realizar, e que, portanto, a virtude e a perfeição cristãs são alcançáveis e frequentemente alcançadas. Ora, *a crença*, por exemplo, de *amar* seus inimigos — ainda que seja apenas crença, fantasia, e não realidade psicológica (isto é, amor) — torna indubitavelmente *feliz*, na medida em que realmente se creia nisso (por quê? quanto a isso, o psicólogo e o cristão certamente pensarão de modo diferente). Assim, mediante a crença, quero dizer, a fantasia de satisfazer não apenas a exigência de amar os inimigos, mas todas as demais pretensões cristãs, e de haver realmente apropriado e incorporado a perfeição divina, conforme a injunção "sede perfeitos, como é perfeito vosso Pai que está no céu", a *vida terrena* poderia se tornar, de fato, uma vida *bem-aventurada*. O erro pode, então, converter a *promessa* de Cristo em verdade.

33. O que liga e o que separa

Não reside na cabeça o que une os homens — a compreensão da utilidade e da desvantagem comuns — e no coração o que os separa — o cego escolher e tatear no amor e no ódio, a dedicação a um só, em detrimento de todos, e o resultante desprezo da utilidade geral?

34. Duas fontes de bondade

Tratar todos com igual benevolência e ser bom sem distinção de pessoa pode ser decorrência tanto de um profundo desprezo como de um sólido amor à humanidade.

35. O espírito das mulheres

A força espiritual de uma mulher é demonstrada da melhor maneira no fato de ela, por amor a um homem e seu espírito, sacrificar o seu próprio, e, apesar disso, imediatamente lhe nasce um *segundo espírito*, no novo âmbito, originalmente estranho à sua natureza, para onde a conduz a índole do homem.

36. Cruel pensamento do amor

Todo grande amor traz consigo o cruel pensamento de matar o objeto do amor, para subtraí-lo de uma vez por todas ao sacrílego jogo da mudança: pois o amor tem mais receio da mudança que do aniquilamento.

37. A fonte do grande amor

De onde se origina a súbita paixão de um homem por uma mulher, aquela profunda, interior? Apenas da sensualidade, certamente não: mas, se o homem encontra debilidade, necessidade de ajuda e petulância ao mesmo tempo, nele sucede como se a sua alma quisesse transbordar: no mesmo instante ele se sente tocado e ofendido. Nesse ponto é que brota a fonte do grande amor.

38. Vantagem da privação

Quem sempre vive no calor e plenitude do coração e, por assim dizer, na atmosfera de verão da alma, não pode imaginar o tremor de arrebatamento que assalta as naturezas mais invernais, quando excepcionalmente são tocadas pelos raios do amor e pelo ar morno de um ensolarado dia de fevereiro.

39. Um atestado de amor

Alguém disse: "Acerca de duas pessoas nunca refleti profundamente: é o atestado de meu amor por elas".

40. O valor da crença em paixões sobre-humanas

A instituição do matrimônio sustenta obstinadamente a crença de que o amor, embora uma paixão, é capaz de duração, e mesmo de que o amor duradouro, vitalício, pode ser erigido em regra. Com essa pertinácia de uma crença nobre, ainda que esta seja muitas vezes e quase normalmente refutada, e portanto seja uma *pia fraus* [mentira piedosa], ela conferiu ao amor uma superior nobreza. Todas as instituições que outorgam a uma paixão *fé na sua duração* e responsabilidade pela duração, contrariamente à natureza da paixão, dão-lhe uma nova categoria: e aquele que é tomado por tal paixão já não se crê rebaixado ou ameaçado por ela como antes, mas elevado perante si e seus iguais. Lembremos as instituições e costumes que transformaram a ardorosa entrega do momento em fidelidade eterna, a ânsia da ira em vingança eterna, o desespero em luto perene, a palavra única e súbita em perene compromisso. A cada vez, muita hipocrisia e mentira vieram assim ao mundo: a cada vez também, e a esse preço, uma nova noção *sobre-humana*, enaltecedora do homem.

41. Pensar mal é tornar mau

As paixões tornam-se más e pérfidas quando são consideradas más e pérfidas. Desse modo, o cristianismo conseguiu transformar Eros e Afrodite — grandes poderes passíveis de idealização — em espíritos e gênios infernais, mediante os tormentos que fez surgir na consciência dos crentes quando há excitação sexual. Não é algo terrível transformar sensações regulares e necessárias em fonte de miséria interior, e assim pretender tornar a miséria interior, *em cada pessoa*, algo regular e necessário? E isso permanece uma miséria escondida e, portanto, de raízes mais profundas: pois nem todos têm a coragem de Shakespeare, ao admitir seu ensombrecimento cristão nesse ponto, como faz nos sonetos. — Então é preciso considerar mau o que deve ser combatido, conservado em certos limites ou, em algumas circunstâncias, banido por completo da mente? Não é próprio de almas *vulgares* imaginar sempre *mau* um inimigo? E *pode-se* chamar Eros de inimigo? As sensações sexuais têm em comum, com aquelas compassivas e veneradoras, que nelas uma pessoa faz bem a outra mediante o seu prazer — tais arranjos benevolentes não se acham com frequência na natureza! E denegrir justamente um deles e estragá-lo com a má consciência! Irmanar a procriação dos seres humanos à má consciência! — Por fim, essa demonização de Eros teve um desfecho de comédia: o "demônio" Eros veio a tornar-se mais interessante para as pessoas do que todos os anjos e santos, graças ao murmúrio e sigilo da Igreja nas coisas eróticas: seu efeito, até em nossa época, foi tornar a *história de amor* o único verdadeiro interesse comum a *todos* os círculos — num exagero incompreensível para a Antiguidade, e que um dia dará lugar à risada. Toda a produção de nossos poetas e pensadores, da maior à mais insignificante, é mais que caracterizada pela excessiva importância da história de amor, que nela surge como história principal: por conta disso, talvez a posteridade julgue que em toda a herança da cultura cristã há algo mesquinho e maluco.

42. Uma sugestão

Se nosso Eu, conforme Pascal e o cristianismo, é sempre *odiável*, como poderíamos supor e admitir que outros o amem — seja Deus ou homem! Seria contrário a toda decência fazer-se amar sabendo muito bem que merece apenas ódio — para não falar de sentimentos outros, de repulsa. — "Mas este é justamente o reino da graça." — Então o seu amor ao próximo é para vocês uma graça? Sua compaixão é uma graça? Bem, se isto é possível para vocês, deem um passo adiante: amem a si mesmos pela graça — então não mais terão necessidade de seu Deus, e todo o drama da queda e da redenção se desenrolará em vocês mesmos até o fim!

43. "Não egoísta!"

Aquele está oco e quer ficar cheio, este está repleto e quer esvaziar-se — cada qual é impelido a buscar um indivíduo que sirva a seu propósito. E esse processo, entendido em sua mais alta acepção, é designado com uma só palavra nos dois casos: amor — como? o amor deveria ser algo não egoísta?

44. Aqui há novos ideais a inventar

Não deveria ser permitido tomar uma decisão sobre a própria vida quando se está enamorado, e fixar de uma vez por todas o caráter de sua companhia devido a um capricho violento: o juramento dos amantes deveria ser publicamente invalidado, e o seu casamento, interdito: — pela razão de que o matrimônio deveria ser levado muito mais a sério! De modo que, justamente nos casos em que ele até agora se realizou, não se realizaria normalmente! A maioria dos casamentos não é de espécie tal que não se deseja um terceiro como testemunha? E justamente esse terceiro — a criança — quase nunca falta, e é mais do que testemunha, é o bode expiatório!

45. Em que nos tornamos artistas

Quem faz de alguém seu ídolo, procura justificar-se ante si mesmo, elevando-o em ideal; nisso torna-se um artista, para ter boa consciência. Se sofre, não sofre por *não saber*, mas por enganar a si mesmo, como se não soubesse. — A miséria e delícia interior de uma tal pessoa — isso inclui todos os que amam apaixonadamente — não pode ser esvaziada com baldes comuns.

46. Temor e amor

O medo promoveu mais a compreensão geral dos homens que o amor, pois o medo quer descobrir quem é o outro, o que ele pode, o que ele quer: enganar-se nisto seria perigoso e desvantajoso. Inversamente, o amor tem um secreto impulso de enxergar no outro as coisas mais belas possíveis, ou de erguê-lo o mais alto possível: enganar-se nesse ponto seria, para ele, prazeroso e vantajoso — e assim ele faz.

47. Amostra de reflexão antes do casamento

Supondo que ela me ame, como se tornaria incômoda para mim, com o passar do tempo! E supondo que não me ame, como aí então se tornaria incômoda para mim, com o passar do tempo! — Trata-se apenas de duas diferentes espécies de incômodo: — casemos, portanto!

48. A mais perigosa desaprendizagem

Começa-se por desaprender de amar os outros e termina-se por não encontrar nada mais digno de amor em si mesmo.

49. Amor e veracidade

Nós somos, por amor, grandes infratores da verdade e inveterados ladrões e receptadores, deixando passar por verdade mais do que o que nos parece verdade — por isso o pensador deve, de quando em quando, afugentar as pessoas que ama (não serão exatamente aquelas que o amam), para que mostrem seu ferrão e sua maldade e parem de *seduzi-lo*. Assim, a bondade do pensador terá sua lua crescente e sua lua minguante.

50. Contra o esbanjamento do amor

Não enrubescemos, ao nos flagrar com uma forte aversão? Mas deveríamos também enrubescer ante as fortes inclinações, pela injustiça que também se acha nelas! Mais ainda: há pessoas que se sentem restringidas e de coração atado, quando alguém lhes testemunha afeição *apenas* subtraindo a outros um tanto da afeição. Quando ouvimos, no tom de sua voz, que *nós* somos escolhidos, preferidos! Ah, não sou grato por essa escolha, noto que tenho algo contra quem me quer assim distinguir: ele não deve me amar *à custa* dos outros! Quero me suportar por mim mesmo! E muitas vezes tenho o coração cheio, e motivo para a exuberância — a quem possui tais coisas não se deve dar nada do que *outros* têm necessidade, amarga necessidade!

51. Seduzir para o amor

Devemos temer quem odeia a si próprio, pois seremos vítimas de sua cólera e de sua vingança. Cuidemos, então, de seduzi-lo para o amor a si mesmo!

52. "O amor torna igual"

O amor quer poupar ao outro, ao qual se consagra, todo sentimento de ser outro, e, portanto, é todo dissimulação e aproximação, está sempre enganando e fingindo uma igualdade que não existe na verdade. E isso ocorre de forma tão instintiva que mulheres enamoradas negam tal dissimulação e afirmam, ousadamente, que o amor torna igual (ou seja, faz um milagre!). — Esse processo é simples quando uma das duas pessoas deixa-se amar e não acha necessário dissimular, deixando isso para a outra, que ama: mas não há peça teatral mais confusa e impenetrável do que quando as duas se acham em plena paixão uma pela outra e, portanto, cada qual se abandona e quer equiparar-se à outra e fazer apenas como ela: e nenhuma sabe mais, enfim, o que deve imitar, o que dissimular, o que passar por. A bela loucura desse espetáculo é boa demais para esse mundo e sutil demais para olhos humanos.

53. Amor

O amor perdoa ao ser amado até o desejo.

54. As mães

Os animais não pensam nas fêmeas da mesma forma que os homens; para eles, a fêmea é o ser produtivo.

Não existe amor paterno entre eles, mas algo como amor aos filhos de uma amada e habituação a eles. As fêmeas têm, nos filhos, satisfação do seu desejo de domínio, uma propriedade, uma ocupação, algo que lhes é compreensível e com que se pode falar: tudo isso é o amor materno — comparável ao amor do artista por sua obra. A gravidez tornou as mulheres mais brandas, mais pacientes, mais temerosas e dispostas à submissão; de igual modo, a gravidez espiritual produz o caráter contemplativo, que é aparentado ao caráter feminino: — são as mães masculinas. — Para os animais, o sexo belo é o masculino.

55. A cor das paixões

Naturezas como a do apóstolo Paulo não veem com bons olhos as paixões; delas conhecem apenas o que é sujo, deformador e lancinante — daí a sua tendência idealista visar a destruição das paixões: veem no que é divino a completa purificação delas. De modo bem diferente de Paulo e dos judeus, os gregos dirigiram a sua tendência idealista justamente para as paixões e as amaram, elevaram, douraram e divinizaram; evidentemente, com as paixões eles sentiam-se não apenas mais felizes, mas também mais puros e mais divinos. — E os cristãos? Queriam eles tornar-se judeus nesse ponto? Terão se tornado?

56. Sem vaidade

Quando amamos, queremos que nossos defeitos permaneçam ocultos — não por vaidade, mas para que o ser amado não sofra. Sim, aquele que ama gostaria de parecer um deus — e também isso não por vaidade.

57. É preciso aprender a amar

Eis o que sucede conosco na música: primeiro temos que aprender a ouvir uma figura, uma melodia, a detectá-la, distingui-la, isolando-a e demarcando-a como uma vida em si; então é necessário empenho e boa vontade para suportá-la, não obstante sua estranheza, usar de paciência com seu olhar e sua expressão, de brandura com o que nela é singular: — enfim chega o momento em que estamos habituados a ela, em que a esperamos, em que sentimos que ela nos faria falta, se faltasse; e ela continua a exercer sua coação e sua magia, incessantemente, até que nos tornamos seus humildes e extasiados amantes, que nada mais querem do mundo senão ela e novamente ela. — Mas eis que isso não nos sucede apenas na música: foi exatamente assim que aprendemos a amar todas as coisas que agora amamos. Afinal sempre somos recompensados pela nossa boa vontade, nossa paciência, equidade, ternura para com o que é estranho, na medida em que a estranheza tira lentamente o véu e se apresenta como uma nova e indizível beleza: — é a sua gratidão por nossa hospitalidade. Também quem ama a si mesmo aprendeu-o por esse caminho: não há outro caminho. Também o amor há que ser aprendido.

58. Como cada sexo tem seu preconceito em relação ao amor

Por mais concessões que eu me ache disposto a fazer ao preconceito monogâmico, nunca admitirei que se fale de direitos iguais do homem e da mulher no amor: tais direitos não existem. É que homem e mulher entendem por amor coisas diferentes — e faz parte das condições do amor, em ambos os sexos, que nenhum dos dois pressupõe no outro o mesmo sentimento, o mesmo conceito de "amor". O que a mulher entende por amor é claro: total dedicação (não apenas entrega) de corpo e alma, sem nenhuma consideração ou reserva, antes com vergonha e horror ao pensamento de uma dedicação condicional, sujeita a cláusulas. Nessa ausência de condições, seu amor é uma fé: a mulher não conhece outra. — O homem, ao amar uma mulher, quer dela precisamente este amor, e, por conseguinte, está ele mesmo o mais distante possível do pressuposto do amor feminino; supondo, porém, que haja também homens aos quais não é estranho o anseio de total dedicação, bem, precisamente não se trata de — homens. Um homem que ama como uma mulher torna-se escravo; mas uma mulher que ama como uma mulher torna-se mais perfeita como mulher... A paixão da mulher, na sua incondicional renúncia a direitos próprios, tem justamente por pressuposto que do outro lado não exista semelhante páthos, semelhante desejo de renúncia:

pois se ambos renunciassem a si mesmos por amor, daí resultaria — não sei bem o quê; talvez um vácuo? — A mulher quer ser tomada e aceita como posse, quer ser absorvida na noção de "posse", de "possuído"; em consequência, quer alguém que tome, que não dê e não conceda a si próprio, que, ao contrário, seja precisamente tornado mais rico em "si" — pelo aumento de força, felicidade, fé, que a mulher lhe proporciona ao se dar. A mulher se concede, o homem acrescenta — eu acho que não é possível superar esse contraste natural mediante contratos sociais ou com a melhor vontade de justiça: por mais desejável que seja não termos continuamente perante os olhos o que há de terrível, duro, enigmático e imoral nesse antagonismo. Pois o amor, concebido de modo inteiro, grande, pleno, é natureza e, como natureza, algo eternamente "imoral". — A *fidelidade*, portanto, acha-se incluída no amor da mulher, vem da sua definição mesma; no homem ela pode facilmente surgir acompanhando o seu amor, talvez como gratidão ou como idiossincrasia do gosto e pela chamada afinidade eletiva, mas não é parte essencial do seu amor — e tanto não é que quase podemos falar, com algum direito, de uma natural oposição entre amor e fidelidade no homem: cujo amor é justamente um querer-ter e não um renunciar e conceder; mas o querer-ter sempre chega ao fim com o ter... Na realidade, é a sutil e desconfiada sede de posse do homem que admite raramente e de forma tardia esse "ter", o que faz perdurar seu amor; assim é até mesmo possível que ele cresça após a entrega — dificilmente o homem aceita que a mulher nada mais tenha para lhe "entregar".

59.

O amor a um único ser é uma barbaridade: pois é praticado às expensas de todos os outros. Também o amor a Deus.

60.

O tipo e o grau da sexualidade de um homem atingem os cumes mais altos do seu espírito.

61.

Uma alma que se sabe amada, mas não ama, revela seu sedimento: o que está no fundo vem à tona.

62.

Os mesmos afetos, no homem e na mulher, têm ritmo diferente: por isso o homem e a mulher não cessam de se desentender.

63.

Quando o amor ou o ódio não participa do jogo, a mulher é jogadora medíocre.

64.

A vontade de superar um afeto é, em última instância, tão somente a vontade de um outro ou vários outros afetos.

65.

Com frequência a sensualidade precipita o crescimento do amor, de modo que a raiz permanece fraca e é facilmente arrancada.

66.

Na vingança e no amor, a mulher é mais bárbara que o homem.

67.

A frase mais pudica que jamais ouvi: *"Dans le véritable amour, c'est l'âme qui enveloppe le corps"* [No verdadeiro amor, é a alma que envolve o corpo].

68.

Quando uma mulher tem inclinações eruditas, geralmente há algo errado com sua sexualidade. Já a esterilidade predispõe a uma certa masculinidade do gosto; pois o homem é, permitam-me lembrar, "o animal estéril".

69.

Comparando no todo o homem e a mulher, podemos dizer: a mulher não teria o gênio para o ornamento, não tivesse o instinto para o *papel secundário*.

70. De antigas novelas florentinas

— e também da vida: *"buona femmina e mala femmina vuol bastone"* [boa ou má, a mulher quer bastão]. Sacchetti, nov. 86.

71.

O que se faz por amor sempre acontece além do bem e do mal.

72.

O amor põe em evidência as qualidades elevadas e ocultas daquele que ama — o que nele é raro, excepcional: assim fazendo, engana acerca daquilo que nele é a norma.

73.

O cristianismo deu a Eros veneno para beber — ele não morreu, é verdade, mas degenerou em Vício.

74.

Por fim amamos o próprio desejo, e não o desejado.

75.

[...] O êxito sempre foi o maior mentiroso — e a "obra" mesma é um êxito; o grande estadista, o conquistador, o descobridor está disfarçado em suas criações, até um ponto irreconhecível; a "obra", a do artista, do filósofo, só ela inventa quem a criou, quem a teria criado; os "grandes homens", tal como são venerados, são pequenas criações ruins, feitas posteriormente; no mundo dos valores históricos a moeda falsa domina. Esses grandes criadores, por exemplo, esses Byron,

Musset, Poe, Leopardi, Kleist, Gogol (não ouso citar nomes maiores, mas penso neles) — tal como são e talvez tenham de ser: criaturas do momento, entusiasmados, sensuais, pueris, levianos e impulsivos no confiar e desconfiar; tendo almas em que habitualmente se deve esconder uma ruptura; muitas vezes vingando-se com suas obras de uma mancha interior; tantas vezes buscando, com seus voos, esquecimento face a uma memória demasiado fiel; frequentemente atolados e quase enamorados da lama, até semelharem os fogos-fátuos dos pântanos e fazerem-se de estrelas — o povo chama-os então de idealistas —; com frequência lutando contra um nojo prolongado, contra um fantasma de descrença que sempre volta, que os torna frios e obriga a suspirar por *gloria* [glória, em latim] e comer a "fé em si" das mãos de aduladores inebriados — que *tortura* são esses grandes artistas, e os homens superiores em geral, para aquele que alguma vez os decifrou! É compreensível que *eles* precisamente sejam alvo, por parte da mulher — que é clarividente no mundo do sofrer e também ansiosa de ajudar e salvar, infelizmente muito além de suas forças —, dessas erupções de ilimitada e devotadíssima *compaixão*, que a multidão, sobretudo a multidão que venera, não entende e acumula de interpretações curiosas e autocomplacentes. Essa compaixão normalmente se ilude a respeito de sua força; a mulher quer acreditar que o amor *tudo pode* — eis aí propriamente a sua *fé*. Oh, o conhecedor do coração percebe quão pobre, desamparado, presunçoso, estúpido, canhestro, destruidor mais que salvador é inclusive o melhor e mais profundo amor! — É possível que na santa fábula e disfarce da vida de Jesus esteja oculto o mais doloroso caso de martírio do *conhecimento sobre o amor*: o martírio do coração mais inocente e desejoso, que nenhum amor humano havia satisfeito, que *exigia* amor, ser amado e nada além, com dureza, com delírio, com terríveis acessos contra os que amor lhe negavam; a história de um pobre insaciado e insaciável no amor, que teve de inventar o inferno para povoá-lo dos que não queriam amá-lo — e que, conhecendo enfim o amor dos humanos, teve de inventar um Deus que é inteiramente amor, inteiramente capacidade de amar — que se compadece do amor humano, tão mísero, tão insciente! Quem sente deste modo, quem possui tal *saber* a respeito do amor — procura a morte. — Mas por que se entregar a reflexões assim dolorosas? Supondo que não se *tenha* de fazê-lo.

76.

Também essa obra [*Carmen*, de Bizet] redime; não apenas Wagner é um "redentor". Com ela nos despedimos do norte úmido, de todos os vapores do ideal wagneriano. A ação já redime. De Mérimée ainda possui a lógica na paixão, a linha mais curta, a dura necessidade; tem sobretudo o que é da zona quente, a secura do ar, a *limpidezza* no ar. Em todo aspecto o clima muda. Aqui fala uma outra sensualidade, uma outra sensibilidade, uma outra serena alegria. Essa música é alegre, mas não de uma alegria francesa ou alemã. Sua alegria é africana; ela tem a fatalidade sobre si, sua felicidade é curta, repentina, sem perdão. Invejo Bizet por isso, por haver tido a coragem para esta sensibilidade, que até agora não teve idioma na música cultivada da Europa — esta sensibilidade mais meridional, mais morena, mais queimada... Como nos fazem bem as tardes brônzeas da sua felicidade! Olhamos para fora ao ouvi-la: já vimos o mar tão liso? E como a dança moura nos fala de modo tranquilizador! Como, em sua lasciva melancolia, mesmo a nossa insaciabilidade aprende a satisfação! — Finalmente o amor, o amor retraduzido em natureza! Não o amor de uma "virgem sublime"! Nenhum sentimentalismo de Senta![3] Mas o amor como fado, como fatalidade, cínico, inocente, cruel — e precisamente nisso natureza! O amor, que em seus meios é a guerra, e no fundo o ódio mortal dos sexos! — Não sei de caso em que a ironia trágica que constitui a essência do amor seja expressa de maneira tão rigorosa, numa fórmula tão terrível, como no último grito de don José, que conclui a obra:

"Sim! *Eu* a matei,
eu — minha adorada Carmen!"

— Uma tal concepção do amor (a única digna de um filósofo) é rara: ela distingue uma obra de arte entre mil. Pois na média os artistas fazem como todos, ou mesmo pior — eles *entendem* mal o amor. Também Wagner o entendeu mal. Eles acreditam ser desinteressados do amor, por querer o benefício de outro ser, às vezes contra o benefício próprio. Mas em troca desejam *possuir* o outro ser... Nisso nem mesmo Deus é exceção. Ele está longe de pensar:

---

3 Senta: protagonista da ópera *O navio fantasma*, de Wagner.

"que te interessa, se te amo?"[4] — ele se torna terrível quando seu amor não é correspondido. *L'amour* — uma frase verdadeira entre os homens e entre os deuses — *est de tous les sentiments le plus égoïste, et par conséquent, lorsqu'il est blessé, le moins généreux* [O amor é, de todos os sentimentos, o mais egoísta, e, em consequência, o menos generoso quando é ferido] (Benjamin Constant).

77.

O budismo é mil vezes mais frio, mais verdadeiro, mais objetivo [do que o cristianismo]. Ele já não tem necessidade de tornar *decente* seu sofrer, sua suscetibilidade à dor, com a interpretação do pecado — ele diz simplesmente o que pensa: "eu sofro". Para o bárbaro, no entanto, o sofrimento como tal não é decente: ele necessita de uma interpretação, a fim de admitir para si mesmo que sofre (seu instinto o leva antes a negar o sofrimento, a suportá-lo quietamente). Nisto a palavra "Demônio" foi um benefício: o homem tinha um inimigo avassalador e terrível — não precisava envergonhar-se de sofrer com tal inimigo. — O cristianismo tem no fundo algumas sutilezas, que são próprias do Oriente. Antes de tudo sabe que é indiferente, em si, que algo seja verdadeiro, mas de grande importância *até que ponto* se acredita que seja verdadeiro. A verdade e a crença de

4 Citação de Goethe, *Anos de aprendizagem de Wilhelm Meister* IV, 9; e *Poesia e verdade* III, 4.

que algo seja verdadeiro: dois mundos de interesse completamente distintos, quase *opostos* — chega-se a um e a outro por caminhos essencialmente diversos. Ter conhecimento disso — é quase a definição do sábio no Oriente: assim o entendem os brâmanes, assim o entende Platão, e também todo estudante da sabedoria esotérica. Se, por exemplo, há *felicidade* em crer-se redimido do pecado, *não* é preciso, como pressuposto para isso, que o indivíduo seja pecador, mas que *se sinta* pecador. Mas, se é necessário antes de tudo *fé*, então se deve pôr em descrédito a razão, o conhecimento, a indagação: o caminho para a verdade torna-se *proibido*. — A poderosa *esperança* é um estimulante bem maior da vida do que alguma felicidade que realmente ocorra. Os que sofrem têm de ser mantidos por uma esperança que não pode ser contrariada por nenhuma realidade — que não é *terminada* com sua realização: uma esperança de além. (Justamente por essa capacidade de manter os infelizes à espera é que os gregos consideravam a esperança o mal entre os males, o mal realmente *insidioso*: ele permaneceu na caixa dos males.)[5] — Para que o *amor* seja possível, Deus tem de ser uma pessoa; para que os instintos mais no fundo possam participar, Deus tem de ser jovem. Para o fervor das mulheres, coloca-se em primeiro plano um santo bonito, para o dos homens, uma Maria. Isso com o pressuposto de que o cristianismo quer predominar num terreno onde cultos de Afrodite ou Adônis já determinaram o *conceito* de culto. A exigência de *castidade* fortalece

5 Referência à "caixa de Pandora", presente dos deuses aos homens na mitologia grega.

a veemência e interioridade do instinto religioso — torna o culto mais cálido, mais entusiasmado, mais cheio de alma. — O amor é o estado em que as pessoas mais veem as coisas como *não* são. A força da ilusão está no apogeu, assim como a força que adoça, que *transfigura*. No amor suporta-se mais, tolera-se tudo. A questão era inventar uma religião em que se podia amar: com isso se ultrapassa o que há de pior na vida — ele nem sequer é enxergado mais. — Isso quanto às três virtudes cristãs, fé, amor e esperança: eu as denomino as três *espertezas* cristãs. — O budismo é tardio demais, positivista demais para ser esperto dessa forma.

78.

Afinal, a questão é para que *finalidade* se mente. O fato de não haver finalidades "santas" no cristianismo é a minha objeção aos seus meios. Apenas finalidades *ruins*: envenenamento, difamação, negação da vida, desprezo do corpo, rebaixamento e autoviolação do homem pelo conceito de pecado — *portanto*, também seus meios são ruins. É com o sentimento oposto que leio o código de Manu, uma obra inigualavelmente espiritual e superior, tanto que apenas nomeá-la juntamente com a Bíblia seria um pecado contra o espírito. Logo se percebe: ele tem uma verdadeira filosofia atrás de si, *em* si, não apenas uma malcheirosa "judaína" de rabinismo e superstição — até ao mais fastidioso psicólogo ele dá algo substancial para morder. *Não* esquecendo o principal, a diferença básica em relação a toda espécie de Bíblia: com ele as classes *nobres*, os filósofos e os guerreiros, erguem a mão sobre a multidão; valores nobres em toda parte, um sentimento de perfeição, um dizer Sim à vida, um triunfante sentimento de bem-estar consigo e com a vida — o *Sol* está em todo o livro. — Todas as coisas nas quais o cristianismo verte a sua insondável vulgaridade, a procriação, por exemplo, a mulher, o matrimônio, são aí tratadas seriamente, com reverência, com amor e confiança. Como se pode mesmo pôr nas mãos de crianças e mulheres um livro que contém essas palavras vis: "por causa da prostituição, cada um tenha a sua própria mulher, e cada uma tenha o seu próprio marido: [...] é melhor casar do que abrasar-se"? [1 Coríntios, 7, 2, 9] E é lícito ser cristão, se com a noção da *immaculata conceptio* [imaculada concepção] a origem do ser humano é cristianizada, isto é, *maculada*?... Não conheço livro em que se dizem tantas coisas delicadas e gentis às mulheres como no código de *Manu*; esses velhuscos e santos têm um modo de ser amáveis com as mulheres que talvez não tenha sido superado. "A boca de uma mulher — diz um trecho —, o busto de uma garota, a oração de uma criança, a fumaça do sacrifício são sempre puros." Outra passagem: "Nada existe mais puro que a luz do Sol, a sombra de uma vaca, o ar, a água, o fogo e o respirar de uma garota". Uma última passagem — talvez também uma mentira sagrada —: "Todas as aberturas do corpo acima do umbigo são puras, todas abaixo, impuras. Apenas na garota o corpo inteiro é puro".

79.

Neste ponto já não há como eludir a resposta à questão de como *alguém se torna o que é*. E com isso toco na obra máxima da arte da preservação de si mesmo — do *amor de si*... Pois admitindo que a tarefa, a destinação, o *destino* da tarefa ultrapasse em muito a medida ordinária, nenhum perigo haveria maior do que se perceber *com* essa tarefa. Que alguém se torne o que é pressupõe que não suspeite sequer remotamente o *que é*. Desse ponto de vista possuem sentido e valor próprios até os *desacertos* da vida, os momentâneos desvios e vias secundárias, os adiamentos, as "modéstias", a seriedade desperdiçada em tarefas que ficam além d'*a* tarefa. Nisto se manifesta uma grande prudência, até mesmo a mais alta prudência: quando o *nosce te ipsum* [conhece-te a ti mesmo] seria a fórmula para a destruição, esquecer-se, *mal entender-se*, empequenecer, estreitar, mediocrizar-se, torna-se a própria sensatez. Expresso moralmente: amar o próximo, viver para outros e outras coisas pode ser a medida protetora para a conservação da mais dura subjetividade. Este é o caso de exceção em que eu, contra minha regra, minha convicção, tomo o partido dos impulsos "desinteressados": eles aqui trabalham a serviço do *amor de si*, do *cultivo de si*.

80.

Que em meus escritos fala um psicólogo sem igual é talvez a primeira constatação a que chega um bom leitor — um leitor como eu o mereço, que me leia como os bons filólogos de outrora liam o seu Horácio. As proposições sobre as quais no fundo o mundo inteiro está de acordo — para não falar dos filósofos de todo mundo, dos moralistas e outros cabeças ocas, cabeças de repolho — aparecem em mim como ingenuidades do erro: por exemplo, a crença de que "altruísta" e "egoísta" são opostos, quando o *ego* não passa de um "embuste superior", um "ideal"... *Não* existem ações egoístas, *nem* altruístas: ambos os conceitos são um contrassenso psicológico. Ou a proposição: "o homem busca a felicidade"... Ou "a felicidade é o prêmio da virtude"... Ou "prazer e desprazer são opostos"... A Circe da humanidade, a moral, falsificou no cerne — *moralizou* — todos os *psychologica* [as questões psicológicas], até chegar ao horrendo absurdo de que o amor deve ser algo "altruísta"... É preciso estar firmemente assentado em *si*, é preciso sustentar-se bravamente sobre as duas pernas, caso contrário não se *pode* absolutamente amar. Isso sabem as mulherezinhas muito bem, afinal: não sabem que diabo fazer com homens desinteressados, puramente objetivos... Posso, aliás, arriscar a suposição de que *conheço* as mulherezinhas? É parte de meu dom dionisíaco. Quem sabe? Talvez eu seja o primeiro psicólogo do eterno-feminino. Todas elas me amam — uma velha história: excetuando as mulherezinhas *vitimadas*, as "emancipadas", as não aparelhadas para ter filhos. — Felizmente não estou disposto a deixar-me despedaçar: a mulher realizada despedaça quando ama... Eu conheço essas adoráveis mênades... Ah, que perigoso, insinuante, subterrâneo bichinho de rapina! E tão agradável, além disso!... Uma pequena mulher correndo atrás de sua vingança seria capaz de atropelar o próprio destino. — A mulher é indizivelmente mais malvada que o homem, também mais sagaz; bondade na mulher é já uma forma de *degeneração*... No fundo de todas as chamadas "almas belas" há um inconveniente fisiológico — não digo tudo, senão me tornaria "medicínico". A luta por direitos *iguais* é inclusive um sintoma de doença: qualquer médico o sabe. — A mulher, quanto mais é mulher, mais se defende com unhas e dentes contra os direitos em geral; o estado de natureza, a eterna *guerra* entre os sexos, dá-lhe de longe a primeira posição. — Houve ouvidos para a minha definição do amor? É a única digna de um filósofo. Amor — em seus meios a guerra, em seu fundo o ódio de morte dos sexos. — Foi ouvida a minha resposta à questão de como se *cura* — se "redime" — uma mulher? Fazendo-lhe um filho. A mulher necessita de filhos, o homem é sempre somente o meio; assim falou Zaratustra. — "Emancipação da mulher" — isso é o ódio instintivo da mulher que não vinga, ou seja, não procria, à mulher que vingou — a luta contra o "homem" é sempre apenas meio, pretexto, tática. Ao elevarem a *si mesmas*, como "mulher em si", como "mulher superior", como "idealista feminina", querem rebaixar a posição geral da mulher; nenhum meio mais seguro para isso do que instrução secundária, calças e direitos políticos de gado eleitoral. No fundo as emancipadas são as *anarquistas* no mundo do "eterno-feminino", as que fracassaram, cujo instinto mais básico é a vingança... Todo um gênero do mais maligno "idealismo" — que aliás também ocorre em homens, por exemplo em Henrik

Ibsen, essa típica solteirona — tem o objetivo de *envenenar* a boa consciência, a natureza no amor sexual... E para não deixar nenhuma dúvida quanto às minhas convicções nesse ponto, tão honestas quanto estritas, comunicarei mais uma sentença contra o *vício* extraída do meu código moral: sob o nome de vício combato toda espécie de antinatureza, ou, para quem ama belas palavras, idealismo. A sentença diz: "A pregação da castidade é um incitamento público à antinatureza. Todo desprezo pela vida sexual, toda impurificação da mesma através do conceito de 'impuro' é o próprio crime contra a vida — é o autêntico pecado contra o santo espírito da vida".

81. O ancião e a morte

Deixando à parte as exigências da religião, é lícito perguntar: por que seria mais louvável para um homem envelhecido, que sente a diminuição de suas forças, esperar seu lento esgotamento e dissolução, em vez de, em clara consciência, fixar um termo para si? Neste caso o suicídio é uma ação perfeitamente natural e próxima, que, sendo uma vitória da razão, deveria suscitar respeito: e realmente o suscitava, naqueles tempos em que os grandes da filosofia grega e os mais valentes patriotas romanos costumavam recorrer ao suicídio. Já o anseio de prolongar dia a dia a existência, com angustiante assistência médica e as mais penosas condições de vida, sem força para se aproximar do verdadeiro fim, é algo muito menos respeitável. — As religiões são ricas em expedientes contra a necessidade do suicídio: com isto elas se insinuam junto aos que são enamorados da vida.

82. Impedimento do suicídio

Há um direito segundo o qual podemos tirar a vida de um homem, mas nenhum direito que nos permita lhe tirar a morte: isso é pura crueldade.

83. A família do suicida

Os familiares de um suicida não lhe perdoam não ter ficado vivo em consideração ao nome da família.

84. Não importa como se morre

A maneira como uma pessoa pensa na morte, durante sua vida mais plena, no apogeu de seu vigor, é testemunha eloquente daquilo que denominamos seu caráter; mas a hora da morte em si, sua atitude no leito de morte, quase não importa quanto a isso. O cansaço da existência que se vai, sobretudo quando morrem pessoas idosas, a nutrição irregular ou insuficiente do cérebro nesse derradeiro instante, a dor eventualmente muito forte, o que há de novo e não experimentado em toda a situação, e, com frequência, o surgimento ou retorno de impressões e angústias supersticiosas,

como se muita coisa estivesse em jogo e uma ponte
das mais horríveis fosse então ultrapassada — isso
tudo não *consente* utilizar o ato de morrer como atestado acerca do vivo. Também não é verdadeiro que o
moribundo, em geral, seja *mais honesto* que o vivo:
sucede, isto sim, que a atitude solene dos circunstan-
tes, as torrentes de lágrimas e emoções, francas ou
contidas, induzem quase todo moribundo a uma comédia da vaidade, ora consciente, ora inconsciente. A
seriedade com que todo moribundo é tratado certamente constitui, para muitos pobres coitados, o mais
delicado prazer de toda a sua vida, e uma espécie de
indenização e pagamento parcial por tantas privações.

85. Depois da morte

Em geral, só muito depois da morte de um homem
achamos incompreensível a sua ausência: no caso de
homens muito grandes, às vezes somente após dé-
cadas. Quem é sincero acha geralmente, no caso de
uma morte, que a ausência não é muita e que o solene
orador fúnebre é um hipócrita. Apenas a necessidade
mostra como um indivíduo é necessário, e o epitáfio
justo é um suspiro tardio.

86. Na noite

Quando cai a noite, muda a nossa sensação das coisas
mais próximas. Eis o vento, que anda como por ca-

minhos proibidos, sussurrando, como que buscando algo, aborrecido porque não o encontra. Eis a luz da lâmpada, com brilho turvo e avermelhado, olhando cansada, de má vontade resistindo à noite, impaciente escrava do homem desperto. Eis a respiração de quem dorme, seu ritmo assustador, a que um incômodo sempre recorrente parece soprar a melodia — nós não a ouvimos, mas, quando o peito de quem dorme se eleva, sentimo-nos de coração apertado, e, quando o alento decresce e quase se apaga num silêncio de morte, dizemos conosco: "Descanse um pouco, pobre espírito atormentado!" — a todo vivente desejamos, porque vive tão oprimido, um repouso eterno; a noite persuade a morrer. — Se os homens carecessem do sol e conduzissem a óleo e luar a luta contra a noite, que filosofia os envolveria no seu véu? Já se nota muito bem, na natureza espiritual e psíquica do homem, como é entenebrecida, no conjunto, pela metade de escuridão e privação de sol que amortalha a vida.

87. Novos atores

Não há, entre os seres humanos, banalidade maior do que a morte; em segundo lugar vem o nascimento, pois nem todos os que morrem chegaram a nascer;[6] depois vem o matrimônio. Mas, em todas

---

6 No original: *"weil nicht alle geboren werden, welche doch sterben"*; nas traduções inglesa e francesa consultadas: *"since all are not born who nonetheless die"* e *"puisque tous ne naissent pas qui meurent pourtant"*.

as suas não contadas e incontáveis apresentações, essas pequenas tragicomédias são representadas por novos atores, e por isso não cessam de ter novos espectadores interessados: quando seria de crer que a plateia inteira do teatro terreno, enfastiada com ele, há muito tempo já se enforcou em todas as árvores. Tanta importância têm os novos atores, tão pouca tem a peça.

88. A morte racional

O que é mais racional, parar a máquina, quando a obra que dela se exigia foi completada — ou deixá-la funcionando até que pare por si mesma, isto é, até que se estrague? O segundo caso não é um esbanjamento dos custos de manutenção, um abuso da energia e atenção daqueles que dela cuidam? Não é aí jogado fora o que muito se necessita em outra parte? Não se cria até mesmo uma espécie de desdém pelas máquinas, quando muitas delas são mantidas e entretidas inutilmente? — Estou falando da morte involuntária (natural) e da morte voluntária (racional). A morte natural é aquela independente de toda razão, a propriamente *irracional*, em que a miserável substância da casca determina quanto tempo deve existir o núcleo: ou seja, em que o minguado, enfermo, obtuso guardião da cadeia é o senhor que designa o instante em que o seu nobre prisioneiro deve morrer. A morte natural é o suicídio da natureza, isto é, a destruição do ser mais racional pelo elemento mais irracional que a ele está ligado. Apenas sob a luz da religião pode parecer o contrário: porque então, como é de esperar, a razão superior (de Deus) dá suas ordens, a que a razão inferior deve se dobrar. Fora da religião, a morte natural não é digna de glorificação. — A sábia organização e disposição da morte faz parte da moral do futuro, agora incompreensível e imoral na aparência, mas cuja aurora é uma indescritível felicidade observar.

89. Morte

Com a perspectiva segura da morte, uma deliciosa, odorosa gota de leviandade poderia ser mesclada a cada vida — mas vocês, estranhas almas de farmacêutico, dela fizeram uma gota de veneno de mau sabor, com que toda a vida se torna repugnante!

90. O duelo

Considero uma vantagem poder ter um duelo, disse alguém, se absolutamente necessito de um; pois sempre há bravos camaradas ao meu redor. O duelo é o último caminho inteiramente honroso para o suicídio que restou, infelizmente um caminho sinuoso, e nem mesmo seguro.

91. Nem tão importante assim

Assistindo a uma morte, constantemente nos surge um pensamento que reprimimos de imediato, por um falso sentimento de decoro: o de que o ato de morrer não é tão significativo como pretende o respeito geral, e de que provavelmente o moribundo perdeu coisas mais importantes na vida do que o que está para perder. O fim, no caso, certamente não é a meta.

92. Santa crueldade

Um homem dirigiu-se a um santo, tendo nas mãos uma criança recém-nascida. "Que devo fazer com esta criança?", perguntou ele, "ela é miserável, deformada e não tem vida bastante para morrer." "Mate-a", gritou o santo com voz terrível, "mate-a e segure-a nos braços por três dias e três noites, a fim de criar em si mesmo uma lembrança: — desse modo você não gerará novamente um filho quando não for o tempo de fazê-lo." — Ouvindo isso, o homem partiu decepcionado; e muitos censuraram o santo por haver aconselhado uma crueldade, pois aconselhara matar a criança. "Mas não é mais cruel deixá-la viver?", perguntou o santo.

93. *Sub specie aeterni*
[Do ponto de vista da eternidade]

A: "Você se afasta cada vez mais dos que vivem: logo

eles o apagarão de suas listas!" — B: "É a única maneira de partilhar o privilégio dos mortos." — A: "Qual privilégio?" — B: "Não mais morrer."

94. O pensamento da morte

Em mim me produz uma melancólica felicidade viver nessa profusão de vielas, de necessidades, de vozes: quanta fruição, quanta impaciência e cobiça, quanta sede e embriaguez de vida não se manifestam aí a cada instante! Mas logo haverá tanto silêncio para todos esses viventes ruidosos e sequiosos de vida! Como atrás de cada um está sua sombra, sua obscura companheira de viagem! É sempre como no último minuto antes da partida do navio de emigrantes: as pessoas têm mais a se dizer do que nunca, a hora urge, o oceano e sua desolada mudez esperam impacientes por trás de todo o ruído — tão cobiçosos e seguros de sua presa. E todos, todos acham que o Até-então foi pouco, muito pouco, e o futuro iminente será tudo: daí toda a pressa, a gritaria, o atordoar-se e avantajar-se! Cada um quer ser o primeiro nesse futuro — mas a morte e seu silêncio são a única coisa certa e comum a todos nesse futuro! Estranho que essa única certeza e elemento comum quase não influa sobre os homens e que nada esteja *mais distante* deles do que se sentirem irmãos na morte! Fico feliz em ver que os homens não querem ter o pensamento da morte! Eu bem gostaria de fazer algo para lhes tornar o pensamento da vida mil vezes *mais digno de ser pensado.*

60   FRIEDRICH NIETZSCHE

95.

Devemos nos despedir da vida como Ulisses de Nausícaa — bendizendo mais que amando.[7]

96.

O pensamento do suicídio é um forte consolo: com ele atravessamos mais de uma noite ruim.

97. Moral para médicos

O doente é um parasita da sociedade. Num certo estado, é indecente viver mais tempo. Prosseguir vegetando em covarde dependência de médicos e tratamentos, depois que o sentido da vida, o *direito* à vida foi embora, deveria acarretar um profundo desprezo na sociedade. Os médicos, por sua vez, deveriam ser os intermediários desse desprezo — não apresentando receitas, mas a cada dia uma dose de *nojo* a seus pacientes... Criar uma nova responsabilidade, a do médico, para todos os casos em que o supremo interesse da vida, da vida *ascendente*, exige a mais implacável supressão e rejeição da vida *que degenera* — por exemplo, para os casos do direito à

7 Alusão a uma cena do canto VIII da *Odisseia* (versos 457 a 468), em que Ulisses agradece e diz adeus à bela Nausícaa, que o salvara depois de um naufrágio.

procriação, do direito de nascer, do direito de viver... Morrer orgulhosamente, quando não é mais possível viver orgulhosamente. A morte escolhida livremente, a morte empreendida no tempo certo, com lucidez e alegria, em meio a filhos e testemunhas: de modo que ainda seja possível uma real despedida, em que ainda *está ali* aquele que se despede, assim como uma real avaliação do que foi alcançado e pretendido, uma *suma* da vida — tudo em contraste com a miserável e terrível comédia que o cristianismo fez da hora da morte. Não se deve jamais esquecer, em relação ao cristianismo, que ele se aproveitou da fraqueza do moribundo para cometer violação da consciência, e da própria maneira de morrer para formular juízos de valor sobre o indivíduo e seu passado! — A questão, aqui, desafiando todas as covardias do preconceito, é estabelecer antes de tudo a apreciação correta, ou seja, fisiológica, da chamada morte *natural*; que, afinal, também não passa de uma morte "não natural", de um suicídio. Não se perece jamais por obra de outro alguém, apenas de si mesmo. Mas a morte nas condições mais desprezíveis é uma morte não livre, uma morte no tempo *errado*, uma morte covarde. Por amor à *vida* se deveria desejar outra morte, livre, consciente, sem acaso, sem assalto...

98. O homem louco

Não ouviram falar daquele homem louco que em plena manhã acendeu uma lanterna e correu ao mercado, e pôs-se a gritar incessantemente: "Procuro

Deus! Procuro Deus!"? — E como lá se encontrassem muitos daqueles que não criam em Deus, ele despertou com isso uma grande gargalhada. Então ele está perdido?, perguntou um deles. Ele se perdeu como uma criança?, disse outro. Está se escondendo? Ele tem medo de nós? Embarcou num navio? Emigrou? — gritavam e riam uns para os outros. O homem louco se lançou para o meio deles e trespassou-os com seu olhar. "Para onde foi Deus?", gritou ele, "já lhes direi! *Nós o matamos* — vocês e eu. Somos todos seus assassinos! Mas como fizemos isso? Como conseguimos beber inteiramente o mar? Quem nos deu a esponja para apagar o horizonte? Que fizemos nós, ao desatar a terra do seu sol? Para onde se move ela agora? Para onde nos movemos nós? Para longe de todos os sóis? Não caímos continuamente? Para trás, para os lados, para a frente, em todas as direções? Existem ainda 'em cima' e 'embaixo'? Não vagamos como que através de um nada infinito? Não sentimos na pele o sopro do vácuo? Não se tornou ele mais frio? Não anoitece eternamente? Não temos que acender lanternas de manhã? Não ouvimos o barulho dos coveiros a enterrar Deus? Não sentimos o cheiro da putrefação divina? — também os deuses apodrecem! Deus está morto! Deus continua morto! E nós o matamos! Como nos consolar, a nós, assassinos entre os assassinos? O mais forte e mais sagrado que o mundo até então possuíra sangrou inteiro sob os nossos punhais — quem nos limpará este sangue? Com que água poderíamos nos lavar? Que ritos expiatórios, que jogos sagrados teremos de inventar? A grandeza desse ato não é demasiado grande para nós? Não deveríamos nós mesmos nos tornar deuses, para ao menos parecer dignos dele? Nunca houve um ato maior — e quem vier depois de nós pertencerá, por causa desse ato, a uma história mais elevada que toda a história até então!" Nesse momento silenciou o homem louco, e novamente olhou para seus ouvintes: também eles ficaram em silêncio, olhando espantados para ele. "Eu venho cedo demais", disse então, "não é ainda meu tempo. Esse acontecimento enorme está a caminho, ainda anda: não chegou ainda aos ouvidos dos homens. O corisco e o trovão precisam de tempo, a luz das estrelas precisa de tempo, os atos, mesmo depois de feitos, precisam de tempo para serem vistos e ouvidos. Esse ato ainda lhes é mais distante que a mais longínqua constelação — *e no entanto eles o cometeram!*" — Conta-se também que no mesmo dia o homem louco irrompeu em várias igrejas, e em cada uma entoou o seu *Requiem aeternam deo.* Levado para fora e interrogado, limitava-se a responder: "O que são ainda essas igrejas, senão os mausoléus e túmulos de Deus?".

99. O sentido de nossa jovialidade

O maior acontecimento recente — o fato de que "Deus está morto", de que a crença no Deus cristão perdeu o crédito — já começa a lançar suas primeiras sombras sobre a Europa. Ao menos para aqueles poucos cujo olhar, cuja *suspeita* no olhar é forte e refinada o bastante para esse espetáculo, algum sol parece ter se posto, alguma velha e profunda confiança parece ter se transformado em dúvida: para eles o nosso velho mundo deve parecer cada dia mais crepuscular, mais desconfiado, mais estranho, "mais velho". Mas pode-se dizer, no essencial, que o evento mesmo é demasiado grande, distante e à margem da compreensão da maioria, para que se possa imaginar que a notícia dele tenha sequer *chegado*; e menos ainda que muitos soubessem já *o que* realmente sucedeu — e tudo quanto irá desmoronar, agora que esta crença foi minada, porque estava sobre ela construído, nela apoiado, nela arraigado: toda a nossa moral europeia, por exemplo. Essa longa e abundante sequência de ruptura, declínio, destruição, cataclismo, que agora é iminente: quem poderia hoje adivinhar o bastante acerca dela, para ter de servir de professor e prenunciador de uma tremenda lógica de horrores, de profeta de um eclipse e ensombrecimento solar, tal como provavelmente jamais houve na Terra?... Mesmo nós, adivinhos natos, que espreitamos do alto dos montes, por assim dizer, colocados entre o hoje e o amanhã e estendidos na contradição entre o hoje e o amanhã, nós, primogênitos e prematuros do século vindouro, aos quais as sombras que logo envolverão a Europa já *deveriam* ter se mostrado por agora: como se explica que mesmo nós encaremos sem muito interesse o limiar deste ensombrecimento, e até sem preocupação e temor *por nós*? Talvez soframos demais as *primeiras consequências* desse evento — e estas, as suas consequências *para nós*, não são, ao contrário do que talvez se esperasse, de modo algum tristes e sombrias, mas sim algo difícil de descrever, uma nova espécie de luz, de felicidade, alívio, contentamento, encorajamento, aurora... De fato, nós, filósofos e "espíritos livres", ante a notícia de que "o velho Deus morreu" nos sentimos como iluminados por uma nova aurora;

nosso coração transborda de gratidão, espanto, pressentimento, expectativa — enfim o horizonte nos aparece novamente livre, embora não esteja limpo; enfim os nossos barcos podem novamente zarpar ao encontro de todo perigo, novamente é permitida toda a ousadia de quem busca o conhecimento, o mar, o *nosso* mar, está novamente aberto, e provavelmente nunca houve tanto "mar aberto".

100. Descida ao Hades

Também eu estive no mundo inferior, como Ulisses, e frequentemente para lá voltarei; e não somente carneiros sacrifiquei para poder falar com alguns mortos: para isso não poupei meu próprio sangue. Quatro foram os pares [de mortos] que não se furtaram a mim, o sacrificante: Epicuro e Montaigne, Goethe e Spinoza, Platão e Rousseau, Pascal e Schopenhauer. Com esses devo discutir quando tiver longamente caminhado a sós, a partir deles quero ter razão ou não, a eles desejarei escutar, quando derem ou negarem razão uns aos outros. O que quer que eu diga, decida, cogite, para mim e para outros: nesses oito fixarei o olhar, e verei seus olhos em mim fixados. — Que os vivos me perdoem se às vezes me parecem sombras, tão pálidos e aborrecidos, tão inquietos e oh!, tão ávidos de vida: enquanto aqueles me aparecem tão vivos, como se agora, *depois* da morte, não pudessem jamais se cansar de viver. Mas o que conta é *a eterna vivacidade*: que importa a "vida eterna" ou mesmo a vida!

Procedência dos textos

Depois da data de publicação original dos textos, há a indicação das edições em português publicadas pela Companhia das Letras (primeira edição) com tradução, notas e posfácio de Paulo César de Souza. Mais abaixo, os números designam aforismos ou seções.

HDH   *Humano, demasiado humano* (1878; 2000)

HDH II OP   *Humano, demasiado humano II*, "Opiniões e sentenças diversas" (1879; 2008)

HDH II AS   *Humano, demasiado humano II*, "O andarilho e sua sombra" (1880; 2008)

A   *Aurora* (1881; 2004)

GC   *A gaia ciência* (1882-7; 2001)

ABM   *Além do bem e do mal* (1886; 1992)

CW   *O caso Wagner* (1888; 1999)

CI   *Crepúsculo dos ídolos* (1888; 2006)

AC   *O Anticristo* (1888; 2007)

EH   *Ecce homo* (1888; 1995)

1	GC, 14
2	HDH, 58
3	HDH, 69
4	HDH, 129
5	HDH, 384
6	HDH, 385
7	HDH, 388
8	HDH, 392
9	HDH, 393
10	HDH, 397
11	HDH, 399
12	HDH, 400
13	HDH, 401
14	HDH, 405
15	HDH, 406
16	HDH, 407
17	HDH, 410
18	HDH, 411
19	HDH, 413
20	HDH, 414
21	HDH, 415
22	HDH, 420
23	HDH, 424
24	HDH, 428
25	HDH, 430
26	HDH, 566
27	HDH, 603
28	HDH, 621
29	HDH II OP, 37
30	HDH II OP, 75
31	HDH II OP, 75
32	HDH II OP, 96
33	HDH II OP, 197
34	HDH II OP, 236
35	HDH II OP, 272
36	HDH II OP, 280
37	HDH II OP, 287

38	HDH II OP, 400
39	HDH II AS, 301
40	A, 27
41	A, 76
42	A, 79
43	A, 145
44	A, 151
45	A, 279
46	A, 309
47	A, 387
48	A, 401
49	A, 479
50	A, 488
51	A, 517
52	A, 532
53	GC, 62
54	GC, 72
55	GC, 139
56	GC, 263
57	GC, 334
58	GC, 363
59	ABM, 67
60	ABM, 75
61	ABM, 79
62	ABM, 85
63	ABM, 115
64	ABM, 117
65	ABM, 120
66	ABM, 139
67	ABM, 142
68	ABM, 144
69	ABM, 145
70	ABM, 147
71	ABM, 153
72	ABM, 163
73	ABM, 168
74	ABM, 175

75	ABM, 269 (parte)
76	CW, 2
77	AC, 23
78	AC, 56
79	EH, II, 9
80	EH, III, 5
81	HDH, 80
82	HDH, 88
83	HDH, 322
84	HDH II OP, 88
85	HDH II OP, 373
86	HDH II AS, 8
87	HDH II AS, 58
88	HDH II AS, 185
89	HDH II AS, 322
90	A, 296
91	A, 349
92	GC, 73
93	GC, 262
94	GC, 278
95	ABM, 96
96	ABM, 157
97	CI IX, 36 (parte)
98	GC, 125
99	GC, 343
100	HDH II OP, 408

1ª EDIÇÃO [2012] 1 reimpressão

Esta obra foi composta em Sabon por warrakloureiro/Alice Viggiani
e impressa em ofsete pela Geográfica sobre papel Pólen Soft
da Suzano Papel e Celulose para a Editora Schwarcz em dezembro de 2015

A marca FSC® é a garantia de que a madeira utilizada na fabricação
do papel deste livro provém de florestas que foram gerenciadas de
maneira ambientalmente correta, socialmente justa e economica-
mente viável, além de outras fontes de origem controlada.